La Confiance en Soi : Guide Réaliste

Psychoéducation, outils concrets et entraînement progressif

La Confiance en Soi : Guide Réaliste

Psychoéducation, outils concrets et entraînement progressif

La Confiance en Soi : Guide Réaliste

Psychoéducation, outils concrets et entraînement progressif

SOMMAIRE :

La Confiance en Soi : Guide Réaliste

Psychoéducation, outils concrets et entraînement progressif

Avertissement (important)

*Ce livre est un **guide de psychoéducation** et d'auto-coaching fondé sur des principes largement utilisés en psychologie (p. ex. thérapies cognitives et comportementales, approches d'acceptation, entraînement aux habiletés, hygiène de vie). Il **ne remplace pas** un suivi médical ou psychothérapeutique.*

*Si vous traversez une souffrance intense, des idées suicidaires, un traumatisme non stabilisé, une dépendance, ou des symptômes anxieux/ dépressifs sévères, le plus utile est de **consulter un professionnel qualifié** (médecin, psychologue, psychothérapeute, psychiatre) ou les urgences selon l'urgence.*

Comment utiliser ce guide (pour des résultats réalistes)

- **Lisez un chapitre**, puis faites **1 à 3 exercices** pendant la semaine.
- Mesurez vos progrès sur **des comportements** (ce que vous faites), pas sur "ce que vous ressentez" uniquement.
- Visez **+10% de difficulté**, pas 200%.
- La confiance se construit comme une condition physique : **répétition + progression + récupération**.

La Confiance en Soi : Guide Réaliste

Psychoéducation, outils concrets et entraînement progressif

Chapitre 1 — Ce qu'est (et n'est pas) la confiance en soi

La confiance en soi est souvent présentée comme une qualité mystérieuse : certains "l'auraient", d'autres non. Dans la réalité, ce que l'on appelle "confiance" correspond le plus souvent à un ensemble de mécanismes observables (pensées, émotions, comportements) qui peuvent évoluer avec l'expérience et l'entraînement.

Ce chapitre pose un cadre clair et réaliste. L'objectif n'est pas de vous "convaincre" que tout ira bien, mais de vous aider à comprendre **ce que vous cherchez à développer**, et **comment le mesurer**.

1) Trois notions à ne pas confondre

a) La confiance en soi : un état, dépendant du contexte

La **confiance en soi** est un **sentiment (variable)** de pouvoir faire face à une situation précise : une discussion difficile, une prise de parole, un examen, un rendez-vous, une nouvelle tâche au travail.

- Vous pouvez être confiant pour cuisiner pour des amis, et très peu confiant pour parler en réunion.
- Vous pouvez être confiant dans votre métier, mais douter dans la sphère affective.

Idée importante : la confiance n'est pas un "niveau général" identique partout. Elle est souvent **spécifique** (à une tâche, un environnement, un type de relation).

b) L'estime de soi : la valeur personnelle globale

L'**estime de soi** correspond à la valeur globale que vous vous attribuez : *"je vaux quelque chose"*, *"j'ai de la valeur même si je ne suis pas parfait"*.

Elle influence la manière dont vous interprétez vos erreurs :

- Estime plus stable : *"Je me suis trompé, je peux réparer."*
- Estime fragile : *"Je me suis trompé, donc je suis nul."*

c) Le sentiment d'efficacité personnelle : "mes actions ont un effet"

Le **sentiment d'efficacité personnelle** (souvent plus stable) est la conviction que vos actions peuvent produire un résultat, même imparfait : *"si je m'entraîne, je peux progresser"*, *"si je demande de l'aide, je peux avancer"*.

C'est une notion particulièrement utile, parce qu'elle se construit par des **preuves** : essais, répétitions, ajustements.

Point clé

La confiance n'est pas un trait magique. C'est un **état** qui suit souvent l'action, pas l'inverse.

Dans la pratique, beaucoup de personnes attendent de "se sentir confiantes" pour agir. Or, l'enchaînement le plus fréquent est plutôt :

Action (même imparfaite) → apprentissage → preuve → confiance qui augmente progressivement

2) Mythes courants (et coûteux)

Mythe 1 : "Je dois me sentir prêt pour agir."

C'est un mythe séduisant, parce qu'il donne l'impression qu'un jour, "le bon état" arrivera : motivation, calme, certitude. Mais ce jour peut ne jamais venir, surtout quand l'enjeu est social (peur du jugement) ou identitaire (peur de "ne pas être à la hauteur").

En pratique : on agit avec une part d'inconfort.

La compétence réelle n'est pas "être prêt", mais **être capable de commencer malgré l'inconfort**, à un niveau gérable.

Repère utile : au lieu d'attendre d'être prêt à 100%, visez d'être prêt à **10%** :

- Commencer par une phrase,
- Poser une question,
- Faire une version brouillon,
- Envoyer un message simple.

Mythe 2 : "Les gens confiants n'ont pas peur."

Les personnes qui paraissent confiantes peuvent ressentir :

- de l'appréhension,
- des doutes,
- des symptômes physiques (tension, accélération du cœur),
- la crainte de se tromper.

La différence principale est souvent ailleurs : elles ont appris à **ne pas négocier avec chaque peur**. Autrement dit, elles n'attendent pas que la peur disparaisse pour agir ; elles ont intégré que la peur peut être présente **sans décider à leur place**.

Mythe 3 : "La confiance vient des compliments."

Les compliments et encouragements sont utiles : ils peuvent soutenir, apaiser, redonner de l'élan. Mais ils construisent rarement une confiance durable si, en parallèle, la personne continue d'éviter les situations importantes.

La confiance durable vient surtout de la **preuve comportementale** :

"Je l'ai fait."

"J'ai tenu."

"J'ai appris."

"Je peux recommencer autrement."

Même de petites preuves répétées ont un effet cumulatif plus solide que de grandes paroles.

3) Une définition "réaliste" et utile

Une définition réaliste évite deux pièges :

- la confiance "invincible" (irréaliste),
- La confiance conditionnelle ("je suis confiant seulement si je suis sûr de réussir").

On peut résumer ainsi :

Avoir confiance, c'est pouvoir dire :

"Je ne contrôle pas tout, mais je peux tenter, m'adapter, demander de l'aide, apprendre."

Cette définition est volontairement sobre. Elle ne promet pas l'absence d'échec ; elle promet une **capacité de réponse**.

La confiance réaliste inclut :

- **le droit à l'erreur** : se tromper n'est pas une catastrophe identitaire ;
- **la capacité à réparer** : vous pouvez clarifier, corriger, vous excuser, recommencer ;
- **la tolérance à la gêne** : supporter un inconfort modéré sans fuir;
- **la persévérance** : continuer malgré l'imperfection, avec ajustements.

Autrement dit : la confiance n'est pas "je suis sûr", c'est "je peux gérer ce qui arrive".

4) Indicateurs concrets (mesurables)

Un problème fréquent : vouloir évaluer la confiance uniquement par le ressenti (*"je me sens confiant / pas confiant"*). Or le ressenti varie selon :

- la fatigue,
- le stress,
- l'environnement,
- l'importance de l'enjeu,
- l'humeur du jour.

Pour progresser, mesurez plutôt ce qui est observable :

- **Est-ce que j'évite moins ?** (moins de fuites, moins

d'annulations)
- **Est-ce que je repousse moins ?** (moins de procrastination, démarrage plus rapide)
- **Est-ce que je demande plus clairement ?** (besoin, limite, information)
- **Est-ce que je termine plus souvent ce que je commence ?** (même à 70–80%)

Ces indicateurs ont un avantage : ils montrent votre progression **même si la peur est encore là.**

Exercice — Votre "thermomètre de confiance"

Notez de 0 à 10 :

1. **J'ose commencer même imparfaitement :** __/10
2. **Je tolère d'être vu/jugé :** __/10
3. **Je sais dire non :** __/10
4. **Je me parle avec respect :** __/10

Consigne : choisissez **un seul axe prioritaire** pour 7 jours.

Choisir un axe (exemples concrets)

- Si vous choisissez **"commencer imparfaitement"** :
  → objectif : démarrer une tâche en 5 minutes, sans "se préparer mentalement" pendant 30 minutes.
- Si vous choisissez **"tolérer d'être vu/jugé"** :
  → objectif : prendre une micro-place (1 question, 1 intervention courte, 1 message) au lieu de rester invisible.
- Si vous choisissez **"dire non"** :
  → objectif : refuser une demande non prioritaire, ou négocier un délai.
- Si vous choisissez **"me parler avec respect"** :
  → objectif : remplacer une insulte intérieure par une phrase de

coach : *"c'est difficile, je fais au mieux, prochaine étape : ..."*

Suivi minimal (7 jours)

Chaque soir, notez :

- Ai-je fait **une action** liée à mon axe ? Oui / Non
- Quelle était la **taille** de l'action (petite/moyenne) ?
- Qu'est-ce que j'ai appris ? (1 phrase)

Ce suivi crée des preuves, et les preuves construisent l'efficacité personnelle.

Mini-résumé du chapitre 1

La confiance en soi n'est pas l'absence de peur ni un don. C'est un **apprentissage** : agir de façon progressive, accumuler des preuves, et se traiter comme quelqu'un qu'on entraîne, pas comme quelqu'un qu'on humilie.

Chapitre 2 — Le cerveau en mode protection : pourquoi vous doutez même quand vous savez

Il arrive d'avoir toutes les informations nécessaires, une expérience réelle, parfois même des réussites passées… et pourtant sentir le doute monter. Ce paradoxe est courant : **savoir** n'empêche pas toujours de **ressentir**. Ce chapitre explique pourquoi, et comment travailler *avec* votre fonctionnement naturel plutôt que contre lui.

1) Pourquoi votre cerveau amplifie le risque

Votre cerveau n'a pas été "conçu" pour produire de la confiance. Sa priorité est plus simple : **réduire le danger** et **économiser l'énergie**. Dans le doute, il choisit souvent la stratégie la plus prudente.

Il préfère donc :

- **surestimer la menace** (au cas où) : *"Et si je me ridiculise ? Et si je me trompe ? Et si on me rejette ?"*
- **sous-estimer vos ressources** (par prudence) : *"Je ne vais pas y arriver."*
- **vous pousser à éviter** : ne pas y aller, se taire, procrastiner, déléguer, rester en retrait.

Le piège de l'évitement

Éviter soulage immédiatement. C'est un soulagement réel, mesurable : tension qui baisse, respiration qui se relâche, impression d'avoir "échappé" au problème.

Mais ce soulagement envoie aussi un message implicite au cerveau : *"Heureusement que j'ai évité. C'était dangereux."*

Résultat : la prochaine fois, l'alarme sonnera plus tôt et plus fort. À long terme, l'évitement entretient donc le doute, même chez des personnes compétentes.

À retenir : le doute n'est pas forcément un indicateur de manque de capacité ; il peut être un indicateur de **système de protection activé**.

2) Les trois systèmes (modèle simple)

Sans jargon médical, vous pouvez imaginer trois "modes" internes qui cohabitent. Ils ne sont pas séparés au millimètre, mais ce modèle aide à comprendre ce qui se passe quand la confiance s'effondre.

a) Le système d'alerte

C'est le mode "survie" :

- peur, vigilance, anticipation,
- focalisation sur les menaces,
- scénarios négatifs,
- sensations physiques (tension, cœur plus rapide, agitation).

Son rôle est utile : il prépare à réagir.

Mais s'il prend tout l'espace, il réduit l'accès au raisonnement nuancé et à la spontanéité.

b) Le système d'action / récompense

C'est le mode "approche" :

- motivation, élan,
- curiosité, exploration,
- capacité à essayer et à apprendre,
- satisfaction après effort.

C'est ce système qui vous aide à dire : *"Je tente, je vois, j'ajuste."*

c) Le système d'apaisement

C'est le mode "sécurité" :

- récupération, détente,
- sentiment d'être soutenu,

- lien social,
- capacité à se calmer après une activation.

Il ne sert pas seulement à "se sentir bien". Il sert à **récupérer**, donc à redevenir capable d'action.

Comment la confiance grandit

La confiance progresse quand :

- le système d'alerte est présent **mais pas dominant**,
- l'action redevient accessible,
- l'apaisement permet de récupérer (et donc de recommencer).

Autrement dit : le but n'est pas de supprimer l'alerte, mais de l'empêcher de monopoliser le pilotage.

3) Stress, sommeil, alimentation : pas "bien-être", mais carburant

On sous-estime souvent à quel point le terrain physiologique influence la confiance. Ce n'est pas une question de "mode de vie parfait", ni de morale. C'est du **carburant**.

Quand vous manquez de sommeil, quand vous êtes surchargé, quand vous vous isolez :

- l'irritabilité augmente,
- la concentration diminue,
- la tolérance à la frustration chute,
- l'auto-critique devient plus forte.

Dans ces conditions, des situations normalement gérables (un mail à envoyer, une remarque, une réunion) deviennent plus menaçantes. Le cerveau passe plus facilement en mode alerte, et l'envie d'éviter augmente.

Idée réaliste

On ne "résout" pas un manque de confiance uniquement par l'hygiène de vie.

Mais on peut **réduire des handicaps invisibles** qui rendent tout plus difficile.

Exercice — Le check des 4 besoins (2 minutes/jour)

Chaque soir, notez 0/1 (non/oui) :

- Ai-je dormi assez **ou** protégé mon coucher ? 0/1
- Ai-je bougé 10–20 minutes ? 0/1
- Ai-je mangé de façon à éviter le "crash" (trop de sucre/café à jeun, repas sautés, etc.) ? 0/1
- Ai-je eu au moins un contact humain de qualité (même bref) ? 0/1

Score sur 4 : __/4

Consigne : l'objectif est la **tendance**, pas la perfection.

Un score de 2/4 stable est souvent plus utile qu'un 4/4 rare suivi de 0/4 les jours suivants.

Question bonus (facultative) :

"Quel besoin, si je le remonte de +1, me facilite le plus la vie cette semaine ?"

4) Régulation émotionnelle simple : "faire de la place"

Beaucoup de personnes cherchent la confiance sous la forme suivante : *ne plus ressentir de peur, de gêne, de tension*. Or, la plupart des progrès se font autrement : en apprenant à **faire de la place** à l'émotion, sans lui laisser décider à votre place.

La confiance ne vient pas d'un esprit vide d'émotions, mais d'un esprit capable de dire :

- "Je sens la peur."
- "Je peux agir avec elle."

Il ne s'agit pas de se forcer brutalement, ni de nier ce que l'on ressent. Il s'agit d'accepter une dose d'inconfort **compatible avec l'action**.

Technique — Respiration fonctionnelle (2–3 minutes)

- Inspirez 4 secondes, expirez 6 secondes.
- Répétez 10 cycles.

But : aider le corps à passer d'un mode "urgence" à un mode "gérable".

Ce n'est pas une baguette magique. C'est un interrupteur partiel : l'alarme baisse d'un cran, et vous récupérez un peu de marge pour choisir votre comportement.

Astuce d'application : utilisez cette respiration :

- avant un appel,
- avant d'entrer dans une réunion,
- avant d'envoyer un message difficile,

- juste après un pic de rumination.

Mini-résumé du chapitre 2

Votre doute n'est pas une preuve d'incompétence : c'est souvent un **mode protection**. En améliorant récupération, lien et régulation (même modestement), vous rendez l'action plus accessible — et, avec des actions répétées, la confiance suit.

Chapitre 3 — La mécanique des pensées : désamorcer l'auto-critique sans se mentir

La confiance en soi se fragilise rarement "à cause de la réalité" uniquement. Elle se fragilise surtout à cause de **l'interprétation** que vous faites de la réalité, souvent en quelques secondes, sans même vous en rendre compte. Ce chapitre vous propose une compétence centrale : apprendre à traiter vos pensées comme des **hypothèses**, pas comme des verdicts.

L'objectif n'est pas de vous raconter des histoires positives. L'objectif est d'obtenir une pensée **plus juste**, plus utile, et suffisamment crédible pour vous permettre d'agir.

1) Pensées ≠ faits

Une pensée est une **proposition mentale rapide** : une hypothèse, une prédiction, une interprétation. Dans les situations sociales ou de performance (réunion, examen, rendez-vous, entretien, prise de parole), le cerveau propose souvent des phrases automatiques comme:

- "Tu vas être nul."
- "Ils vont voir que tu stresses."
- "Si tu échoues, c'est la honte."

Ces pensées apparaissent vite parce que le cerveau cherche à **anticiper** et à **réduire le risque** (chapitre 2). Le problème n'est donc pas d'avoir ces pensées. Le problème commence lorsque vous les traitez comme :

- des **faits** ("c'est vrai"),
- des **ordres** ("donc je dois éviter"),
- ou des **prophéties** ("donc ça va arriver").

Un repère simple

Quand une pensée commence par :

- "Et si..."
- "Je vais forcément..."
- "Ils vont sûrement..."
- "Je dois absolument..."

...il y a de fortes chances que vous soyez face à une hypothèse anxieuse plutôt qu'à une analyse objective.

Ce que cela change concrètement

Si vous pensez : "Je vais être nul", vous allez probablement :

- vous tendre,
- vous auto-surveiller ("comment je parais ?"),
- éviter,
- ou surcompenser (surpréparer, parler trop vite, vouloir être parfait).

Le contenu de la pensée influence directement le comportement, donc les résultats. C'est pour cela que travailler sur la pensée n'est pas "être dans sa tête" : c'est agir sur le système qui pilote vos actions.

2) Distorsions fréquentes (à repérer)

On appelle "distorsions" des raccourcis mentaux fréquents. Ils ne signifient pas que vous êtes irrationnel ; ils signifient que votre cerveau privilégie la **rapidité** plutôt que la précision, surtout en situation de stress.

Voici les plus courantes dans les difficultés de confiance :

• Tout ou rien

"Si ce n'est pas parfait, c'est nul."

Conséquence : procrastination, peur de commencer, incapacité à tolérer l'apprentissage.

• Lecture de pensée

"Ils pensent que je suis idiot."

Conséquence : anxiété sociale, retrait, justification excessive, auto-censure.

• Catastrophisme

"Si je bafouille, c'est fini."

Conséquence : une petite imperfection est vécue comme une catastrophe globale.

• Disqualification du positif

"Oui mais c'était facile."

Conséquence : vos réussites n'impriment pas. Vous progressez sans le ressentir.

• Comparaison défavorable

"Les autres y arrivent sans effort."

Conséquence : vous comparez votre intérieur (doutes, fatigue) au dehors des autres (apparence), ce qui vous désavantage mécaniquement.

Exercice — "Nommer pour désamorcer"

Pendant 7 jours, dès que vous doutez, écrivez (même en version très courte) :

- **Situation :** ______
- **Pensée automatique :** ______
- **Distorsion probable :** ______
- **Réponse réaliste :** ______

Pourquoi écrire ? Parce que mettre la pensée sur papier la transforme : vous passez de "je suis dans la pensée" à "j'observe la pensée". C'est un changement de position mentale, souvent suffisant pour reprendre un peu de liberté.

Exemple rempli :

- Situation : "Réunion, je dois donner mon avis."
- Pensée automatique : "Je vais dire une bêtise."
- Distorsion : catastrophisme + tout ou rien.
- Réponse réaliste : "Je peux formuler une idée partielle. Si ce n'est pas parfait, ce n'est pas grave. Je peux clarifier si besoin."

3) Réponses réalistes (et crédibles)

Une réponse réaliste n'est pas : "Je suis génial."

Si vous ne le croyez pas, votre cerveau le rejette, et l'auto-critique revient plus forte. L'objectif est une réponse :

- **crédible** pour vous,
- **utile** pour l'action,
- **compatible** avec l'incertitude.

Exemples de réponses réalistes :

- "Je peux être moyen et quand même utile."
- "Je peux être stressé et quand même parler."
- "Je ne sais pas ce qu'ils pensent. Je peux vérifier."
- "Mon objectif : progresser, pas briller."

La "bonne" réponse réaliste a souvent 3 caractéristiques

1. **Elle revient aux faits** : "Qu'est-ce que je sais vraiment ?"
2. **Elle autorise l'imperfection** : "Je peux faire une version acceptable."
3. **Elle propose une action** : "Quelle est la prochaine petite étape?"

Mini-outil : la question qui coupe la rumination

Quand vous tournez en boucle, demandez-vous :

"Quelle action de 2 minutes rend la situation 5% meilleure ?"

La rumination cherche une certitude totale. L'action cherche une amélioration progressive. La confiance suit plus souvent la logique de l'action.

4) Transformer l'auto-critique en coach interne

L'auto-critique est souvent confondue avec l'exigence ou la lucidité. Pourtant, une critique brutale ("Tu es nul", "Tu es ridicule") ne rend généralement ni plus performant, ni plus courageux. Elle rend plus tendu, plus évitant, plus honteux.

Auto-critique typique

"Tu es ridicule."

Coach interne (même réalité, autre posture)

"Tu es tendu. Reviens au message. Une phrase à la fois."

Le coach interne n'est pas "gentil" au sens naïf. Il est :

- clair,
- orienté solution,
- et respectueux.

Il donne un cadre qui permet d'agir malgré l'inconfort.

Exercice — Script de coach (5 lignes)

Écrivez un script que vous accepteriez d'entendre d'un bon entraîneur :

1. **Ce que je ressens :** ______
2. **Ce qui compte ici :** ______
3. **Prochaine petite action :** ______
4. **Permission d'être imparfait :** ______
5. **Phrase de clôture :** ______

Exemple :

1. Ce que je ressens : "Je suis anxieux et je me sens observé."
2. Ce qui compte ici : "Être clair et apporter une idée."
3. Prochaine petite action : "Dire une phrase simple / poser une question."
4. Permission d'être imparfait : "Je peux bafouiller et continuer."
5. Phrase de clôture : "J'y vais maintenant, une étape à la fois."

Comment l'utiliser au quotidien

- Avant une situation : lire le script une fois.
- Pendant : revenir à la "prochaine petite action".
- Après : noter ce qui a fonctionné, même partiellement (preuve comportementale).

Mini-résumé du chapitre 3

Vous ne gagnez pas en confiance en "pensant positif", mais en pensant **juste** : repérer les distorsions, choisir une réponse crédible, et revenir à l'action. Les pensées ne sont pas des faits ; elles deviennent un problème quand elles prennent le rôle d'ordres. En apprenant à les nommer, vous récupérez du choix — et donc de la confiance.

Chapitre 4 — Agir avant d'être prêt : l'exposition graduée (la méthode la plus efficace)

Beaucoup de personnes cherchent une solution "interne" à leur manque de confiance : trouver les bons mots, la bonne motivation, la bonne affirmation, le bon déclic. Pourtant, ce qui change le plus durablement la confiance, ce sont des **expériences répétées** où vous découvrez, concrètement, que vous pouvez faire face.

L'exposition graduée est l'un des outils les plus robustes pour réduire l'évitement et augmenter la confiance. Elle repose sur une idée simple : **on apprend la sécurité en traversant, pas en contournant**.

Important : si vous avez vécu des traumatismes, des attaques de panique sévères, ou une anxiété très invalidante, l'exposition est idéalement faite avec un professionnel formé. Dans tous les cas, on commence petit, on progresse, et on respecte votre rythme.

1) Le principe

L'évitement : efficace à court terme, coûteux à long terme

Éviter diminue l'anxiété tout de suite. Cela peut ressembler à :

- ne pas prendre la parole,
- remettre à plus tard,
- annuler,
- déléguer systématiquement,
- "faire vite" pour écourter,
- se cacher derrière des messages plutôt que parler.

Ce soulagement immédiat renforce le comportement : le cerveau enregistre que l'évitement "a marché". Mais le coût se paie plus tard : le doute augmente, la situation paraît plus dangereuse, et la confiance se rétrécit.

L'exposition graduée : apprendre "je peux tolérer"

L'exposition graduée consiste à **rester** dans une situation un peu inconfortable, suffisamment longtemps pour apprendre une information fondamentale :

"Je peux tolérer cette émotion."

"Je peux fonctionner même si je suis stressé."

"Je peux me tromper sans m'effondrer."

Le but n'est pas de supprimer l'anxiété par la force. Le but est de changer le message enregistré par le cerveau :

- ancien message : "danger = éviter"
- nouveau message : "inconfort = gérable"

2) La règle des +10%

La plupart des plans échouent pour une raison : ils sont trop extrêmes.

La progression réaliste se situe dans une zone intermédiaire.

Choisir un défi légèrement au-dessus de votre zone actuelle

- **Trop facile** : pas d'apprentissage (vous confirmez seulement ce que vous savez déjà faire).
- **Trop dur** : abandon ou crise (vous confirmez l'idée que "c'est trop pour moi").
- **Juste au-dessus** : apprentissage (vous créez une preuve nouvelle).

La règle des +10% signifie : augmenter la difficulté **un peu**, de façon répétée. C'est le principe de l'entraînement physique : une charge trop légère ne change rien, une charge trop lourde vous blesse, une charge progressive vous renforce.

Comment reconnaître le bon niveau ?

Une règle pratique :

- visez une anxiété anticipée autour de **3 à 6/10** au début,
- puis montez progressivement vers **7/10** quand vous avez des preuves.

Vous ne cherchez pas à vous “terroriser”, vous cherchez à vous entraîner.

3) Construire une “échelle de défis”

L’exposition graduée fonctionne mieux quand elle est planifiée. Une “échelle de défis” (ou hiérarchie) est une liste de situations que vous évitez, classées du plus accessible au plus difficile.

Exemple : “prendre la parole”

- **Niveau 1 :** poser une question à une personne.
- **Niveau 2 :** donner une opinion en petit groupe.
- **Niveau 3 :** présenter 2 minutes.
- **Niveau 4 :** animer 10 minutes.

Exemples “mix” (travail/études + relations + social)

Travail/études

- demander une précision au lieu de faire semblant d'avoir compris
- envoyer un travail "suffisamment bon" avec une seule relecture
- prendre un point à l'ordre du jour en réunion
- demander un feedback

Relations

- exprimer une préférence ("J'aimerais plutôt...")
- dire non à une demande non prioritaire
- aborder un sujet inconfortable calmement
- poser une limite si le ton monte

Social / jugement

- soutenir le regard 2 secondes de plus
- engager une conversation courte
- participer à un groupe (même brièvement)
- partager une opinion non "parfaite"

Exercice — Votre hiérarchie (12 items)

1. Listez **12 situations** que vous évitez ou que vous faites avec beaucoup de comportements de sécurité (se surjustifier, se préparer excessivement, se taire, fuir, etc.).
2. Notez pour chacune l'anxiété anticipée **de 0 à 10**.
3. Triez ensuite pour garder en priorité les situations entre **3 et 8/10** (zone d'entraînement).

- 0–2/10 : trop simple (utile pour l'échauffement)
- 3–6/10 : cœur du programme (progression régulière)
- 7–8/10 : défis avancés (quand vous avez des preuves)
- 9–10/10 : à découper en étapes plus petites, ou à faire accompagné

Grille à compléter :

Situation évitée / difficile	**Anxiété (0–10)**	**Première +10% (micro**
1. ________________	__/10	__________
2. ________________	__/10	__________
3. ________________	__/10	__________
4. ________________	__/10	__________
5. ________________	__/10	__________
6. ________________	__/10	__________
7. ________________	__/10	__________

Situation évitée / difficile	Anxiété (0–10)	Première vers +10% (micro-étap
8. ____________________	__/10	____________________
9. ____________________	__/10	____________________
10. ____________________	__/10	____________________
11. ____________________	__/10	____________________
12. ____________________	__/10	____________________

Astuce : découper une situation "trop grosse"

Exemple "prendre la parole en réunion" (8–9/10) peut devenir :

- dire une phrase (5/10),
- poser une question (4/10),
- résumer un point (6/10),
- présenter 2 minutes (7/10).

Ce découpage est une compétence en soi.

4) Mesurer le progrès autrement que par l'émotion

L'erreur fréquente est de définir le succès comme :

"Je n'ai rien ressenti."

En réalité, au début, vous ressentirez souvent quelque chose. Et c'est normal : vous entraînez un système d'alerte (chapitre 2). Si vous attendez l'absence totale d'émotion, vous risquez d'abandonner précisément au moment où l'apprentissage commence.

La bonne définition du succès

Succès = **"je l'ai fait"**, pas "je n'ai rien ressenti".

Après chaque exposition, notez :

- **Ai-je fait l'action ?** (oui/non)
- **Ai-je fui / écourté ?** (oui/non)
- **Ai-je appris quelque chose ?** (1 phrase)

Exemples d'apprentissages utiles :

- "Mon anxiété monte, puis redescend si je reste."
- "J'ai bafouillé, et pourtant la conversation a continué."
- "Personne n'a réagi comme mon cerveau le prédisait."
- "Je peux réparer : reformuler, clarifier, ralentir."

Journal d'exposition (format court)

Après l'action, écrivez :

1. Situation : ____________________
2. Anxiété avant : __/10 ; pendant : __/10 ; après : __/10
3. Comportements de sécurité utilisés : ____________________
4. Ce que j'ai fait malgré tout : ____________________
5. Ce que j'apprends : ____________________
6. Prochaine étape +10% : ____________________

Ce journal a un rôle clé : il transforme une expérience émotionnelle floue en **preuve structurée**.

Mini-résumé du chapitre 4

La confiance durable vient d'expériences répétées : vous faites, vous survivez, vous apprenez. L'exposition graduée est une “salle de sport” du courage : progression par petites doses, répétition, et mesure du progrès par l'action (pas par l'absence d'émotion).

Chapitre 5 — Compétences sociales et assertivité : se respecter sans agresser

La confiance en soi, dans la vie réelle, se voit rarement dans de grands discours. Elle se voit dans des micro-comportements sociaux : demander, refuser, clarifier, recadrer, exprimer un désaccord sans se justifier à l'infini, recevoir une critique sans s'effondrer ni attaquer.

L'assertivité est la compétence pivot qui relie confiance et relations. Elle ne consiste pas à "avoir du caractère", mais à savoir **communiquer de manière claire et respectueuse**, y compris quand c'est inconfortable.

1) Assertif, passif, agressif : repères rapides

Ces trois styles ne sont pas des étiquettes définitives. On peut être assertif au travail et passif en famille, ou l'inverse. L'enjeu est de repérer votre style dominant **dans les situations où vous perdez confiance**.

Passif : "je me tais, je subis"

- Vous évitez le conflit à tout prix.
- Vous dites oui alors que vous pensez non.
- Vous attendez que l'autre devine.
- Vous ruminez ensuite ("j'aurais dû dire...").

Coût fréquent : frustration, fatigue, baisse d'estime, impression d'être "utilisé".

Agressif : "j'impose, je dévalorise"

- Vous parlez fort, coupez, accusez.
- Vous gagnez la discussion mais perdez la relation (ou la confiance de l'autre).
- Vous réagissez sous tension, parfois avec des mots que vous regrettez.

Coût fréquent : culpabilité, conflits répétés, isolement, image de soi instable (“je suis trop”).

Assertif : “je m’exprime clairement, je respecte l’autre et moi”

- Vous dites ce que vous pensez, avec des mots simples.
- Vous exprimez un besoin ou une limite sans humilier.
- Vous acceptez que l’autre puisse être déçu, sans vous effondrer.

Bénéfice : moins de malentendus, moins de rumination, plus de cohérence interne (“je me respecte”).

Repère pratique : l’assertivité n’est pas “obtenir ce que je veux”, c’est “me comporter de façon alignée avec mes besoins et mes valeurs, sans violence”.

2) Le modèle DESC (script simple)

Quand on manque de confiance, le plus difficile n’est pas de “s’imposer”, mais de **structurer sa demande**. Le modèle DESC est utile parce qu’il réduit l’improvisation et donc l’anxiété.

D — Décrire (faits observables, sans accusation)

“Quand tu changes le plan au dernier moment...”

- Parlez de comportements précis.
- Évitez “toujours / jamais”, qui déclenchent la défense.

E — Exprimer (émotion + impact)

“...je me sens sous pression...”

- Une émotion + une conséquence concrète (“je me sens pressé”, “je perds du temps”, “je me désorganise”).
- Pas besoin de long discours : une phrase suffit.

S — Spécifier (demande claire)

“...j’ai besoin d’être prévenu plus tôt.”

- Une demande simple, concrète, réaliste.
- “Plus tôt” peut être précisé : “au moins 24h avant”.

C — Conséquences (ce que vous ferez si ça continue / bénéfice si ça change)

“Sinon je ne pourrai pas m’organiser / je dirai non.”

- Conséquence = une limite comportementale (pas une menace).
- Exemple sain : “Je ne pourrai pas prendre en charge si c’est le jour même.”

Exemples “mix”

Travail

- D : “Quand je reçois la demande à 18h pour demain matin...”
- E : “...je me sens sous pression et je fais plus d’erreurs.”
- S : “...j’ai besoin de la recevoir avant 15h.”
- C : “Sinon je ne peux pas garantir le rendu pour le lendemain.”

Couple

- D : “Quand tu regardes ton téléphone pendant que je te parle...”
- E : “...je me sens mis de côté.”
- S : “...j’aimerais qu’on se parle 10 minutes sans écran.”
- C : “Sinon je me ferme et on perd le fil.”

Amis

- D : “Quand tu annules au dernier moment...”
- E : “...je suis déçu, et je me réorganise pour rien.”
- S : “...préviens-moi dès que tu sais.”
- C : “Sinon je proposerai moins souvent.”

Exercice — 3 phrases “DESC”

Écrivez 3 demandes concrètes (travail, couple, amis).

Objectif : **court, clair, actionnable**.

1. **Travail/études :**
   D : ________

E : ________
S : ________
C : ________

1. **Couple/famille :**
   D : ________

E : ________
S : ________
C : ________

1. **Ami/coloc/proche :**
   D : ________

E : ________
S : ________
C : ________

Conseil d'entraînement : lisez vos scripts à voix haute. Si c'est trop long, raccourcissez. Si c'est accusateur, revenez aux faits.

3) Dire non sans se justifier à l'infini

Beaucoup de personnes confondent "dire non" et "être méchant". En réalité, savoir dire non est une compétence de santé relationnelle : elle protège votre énergie, votre temps, et votre respect de vous-même.

Pourquoi on se justifie trop

- peur de décevoir,
- peur du conflit,
- peur d'être jugé ("égoïste", "pas sympa"),
- besoin d'être irréprochable.

Or, plus vous justifiez, plus vous ouvrez la porte à la négociation et à la culpabilité. Un refus trop détaillé devient un débat.

Formules utiles (simples, fermes)

- "Je ne peux pas."
- "Je ne suis pas disponible."
- "Je te remercie, mais je décline."
- "Je ne pourrai pas cette fois."

Vous pouvez ajouter une phrase de politesse **sans vous expliquer** :

- "Merci d'avoir pensé à moi, mais je ne peux pas."

Option : proposer une alternative (si vous le voulez)

Le point clé : alternative par choix, pas par peur.

- "Je ne peux pas aujourd'hui, mais je peux mardi."
- "Je ne peux pas faire tout le dossier, mais je peux relire 10 minutes."

Technique complémentaire : le "disque rayé"

Quand l'autre insiste, répétez votre refus avec calme, sans ajouter d'arguments nouveaux.

- "Je comprends, mais je ne peux pas."
- "Oui, je vois. Je ne suis pas disponible."
- "Je t'entends. Je décline."

C'est souvent cette répétition calme qui construit la confiance : vous constatez que vous pouvez tenir votre limite sans exploser.

Exercice — Votre "non" en 2 versions

Choisissez une situation réelle à venir.

- **Non court :** ______________________________
- **Non + alternative (optionnelle) :** ______________________________
- **Phrase disque rayé :** ______________________________

Objectif de la semaine : placer **un non** clair (même sur une petite demande). L'assertivité se construit par répétition, pas par grandes scènes.

4) Recevoir une critique sans s'effondrer

La critique est un déclencheur majeur de perte de confiance : elle active honte, défense, rumination. Apprendre à la recevoir est une compétence qui sert partout : travail, couple, famille, amitiés.

Étape 1 : Respirez

Avant de répondre, prenez 1–2 cycles respiratoires (par exemple 4 secondes inspiration, 6 secondes expiration).

But : éviter la réponse automatique (attaque, justification, fuite).

Étape 2 : Reformulez (pour reprendre le contrôle)

"Si je comprends bien, tu voudrais..."

"Donc ce qui te dérange, c'est..."

Reformuler fait deux choses :

- vous gagnez du temps,
- vous clarifiez le contenu réel.

Étape 3 : Triez — utile / inutile / agressif

- **Utile :** information spécifique, améliorable.
  → à écouter, même si ça pique.
- **Inutile :** vague, non spécifique, basé sur des goûts.
  → à relativiser, demander précision ou laisser passer.
- **Agressif :** humiliant, insultant, dévalorisant.
  → à recadrer (limite), pas à "absorber".

Étape 4 : Répondez au contenu, pas au ton (ou posez une limite sur le ton)

Si le contenu est utile mais le ton est mauvais, vous pouvez faire les deux :

- répondre au contenu **et** poser une limite.

Phrases possibles :

- "Je peux entendre le fond, mais pas sur ce ton."
- "Je veux bien en parler, si on reste respectueux."
- "Si tu veux un changement, dis-moi concrètement ce que tu attends."

Mini-script "critique" (prêt à l'emploi)

1. "Ok, je t'écoute."
2. "Si je comprends bien, tu voudrais ______."
3. "Qu'est-ce qui serait un exemple concret de ce que tu attends ?"
4. "Je peux faire ______. Sur ______, ce ne sera pas possible / pas maintenant."

Exercice — Débrief d'une critique (3 minutes)

Pensez à une critique récente ou probable, puis écrivez :

- Ce qui a été dit (mots exacts si possible) : ______
- Utile / inutile / agressif : ______
- Une réponse assertive possible : ______
- Une limite sur le ton (si nécessaire) : ______

Mini-résumé du chapitre 5

La confiance relationnelle augmente quand vous savez vous exprimer. L'assertivité n'est pas un trait de caractère : c'est un **ensemble de scripts entraînables** (DESC, dire non, disque rayé, tri des critiques). À chaque fois que vous vous exprimez clairement, vous accumulez une preuve essentielle : *"je peux me respecter sans agresser."*

Chapitre 6 — Image de soi, corps et présence : habiter son corps sans perfection

Quand la confiance baisse, l'attention se déplace souvent vers l'intérieur : *"Comment je parais ? Est-ce qu'on voit que je stresse ? Est-ce que je fais ridicule ?"* Cette autosurveillance est épuisante. Elle rigidifie la posture, coupe la respiration, modifie la voix, et finit par produire exactement ce que l'on redoute : une présence réduite.

Ce chapitre propose une approche réaliste : vous n'avez pas besoin d'un corps "parfait" ni d'une assurance théâtrale. Vous avez besoin de **présence** : une manière d'être là, suffisamment stable, qui soutient vos actions au travail, en relation, et en prise de parole.

1) La présence n'est pas la beauté

Beaucoup de personnes confondent "présence" et "apparence". Elles pensent qu'être confiant signifie être séduisant, charismatique, impeccable. En réalité, ce qui est souvent perçu comme de la présence correspond à des signaux simples et accessibles.

La présence se construit avec :

- **l'ancrage** : une posture stable qui indique au corps "je tiens".
- **la respiration** : un rythme respiratoire qui évite la précipitation et la panique.
- **le regard** : suffisamment présent (pas fixé, pas fuyant), au service de la relation.
- **la voix** : posée, intelligible, pas parfaite.

La présence n'exige pas d'être extraverti. Elle n'exige pas d'être "à l'aise". Elle exige surtout une capacité à **revenir au corps** plutôt qu'à l'auto-jugement.

Un changement clé : attention externe vs attention interne

- **Attention interne excessive** : "Je suis rouge ? Je tremble ? J'ai l'air bête ?"
- **Attention externe fonctionnelle** : "Quel est le message ? De quoi l'autre a besoin ? Quelle est la prochaine phrase ?"

La présence augmente quand l'attention revient vers l'extérieur (la tâche, le message, l'autre), tout en gardant une base corporelle stable.

2) Posture et signal interne

Sans "jouer un rôle", une posture plus ouverte peut diminuer l'évitement. Cela ne vous transforme pas en quelqu'un d'autre ; cela envoie au cerveau un signal simple : **"je peux rester"**.

Quand la confiance chute, on observe souvent :

- épaules en avant,
- respiration haute et courte,
- regard fuyant,
- menton relevé (défi) ou trop baissé (soumission),
- agitation des mains ou figement.

L'idée n'est pas de vous corriger en permanence, mais d'adopter une posture "neutre stable" quand vous en avez besoin.

Les repères corporels (simples)

- **pieds au sol** (contact clair, stabilité)
- **épaules relâchées** (sans s'affaisser)
- **menton neutre** (ni haut, ni collé à la poitrine)
- **expiration plus longue** (ralentit l'emballement)

Même un ajustement minimal peut réduire l'intensité de l'alarme interne et vous redonner un peu de marge.

Exercice — 2 minutes avant une situation

À faire avant une réunion, un appel, un rendez-vous, une prise de parole.

1. **5 expirations longues**
    - Inspirez normalement, puis expirez plus longuement que d'habitude.
    - But : ralentir le système d'alerte, rendre la voix plus posée.
2. **Relâcher mâchoire / épaules**
    - Desserrez les dents, laissez la langue se poser.
    - Faites une micro-rotation d'épaules, sans forcer.
3. **Choisir une intention (1 mot)**
    - "clarifier"
    - "aider"
    - "apprendre"
    - "connecter"
    - "terminer"
    L'intention replace l'attention sur la fonction, pas sur l'image.

Important : l'objectif n'est pas d'être détendu, mais d'être **opérationnel**.

3) Corps : sortir du cycle "contrôle ↔ honte"

La relation au corps influence directement la confiance. Chez beaucoup de personnes, l'image corporelle suit un cycle :

1. inconfort / comparaison / critique (honte)
2. tentative de contrôle (restriction, surentraînement, perfection)
3. fatigue / échec du plan idéal
4. culpabilité, abandon
5. retour à la honte

Ce cycle peut exister même sans trouble alimentaire : il suffit d'une exigence excessive et d'une auto-évaluation permanente.

Objectif réaliste : fonctionnement plutôt que perfection

Un objectif réaliste n'est pas : "aimer mon corps tous les jours".

Un objectif réaliste est : **mieux fonctionner**, donc avoir plus d'énergie et de stabilité.

Priorités "fonctionnement" :

- **énergie** (sommeil, alimentation régulière),
- **mobilité** (bouger sans douleur, sans raideur excessive),
- **récupération** (repos, rythme),
- **force minimale** (se sentir capable, physiquement).

Cela a un effet direct sur la confiance : un corps plus stable rend l'action plus accessible, et l'auto-critique moins envahissante.

La règle d'or : routine minimale > plan idéal

Une routine minimale (3x/semaine) vaut mieux qu'un plan parfait abandonné.

Exemples de routines minimales (à adapter) :

- 20 minutes de marche rapide, 3 fois/semaine
- 10 minutes de mobilité + 10 minutes de renforcement, 3 fois/semaine
- 30 minutes d'activité plaisante (vélo, danse, natation), 2–3 fois/semaine

Le critère de réussite n'est pas "intensité maximale", mais **régularité**.

Exercice — Votre routine "minimum viable"

Choisissez une version tellement simple qu'elle est difficile à refuser.

- Activité choisie : ______________________________
- Durée : ______ minutes
- Fréquence : ______ fois/semaine
- Moment prévu (créneau) : _____________________
- Plan B (si journée chargée) : _________________

Note importante : si vous avez une condition médicale ou des douleurs persistantes, adaptez avec un professionnel qualifié (médecin, kinésithérapeute, coach formé) pour éviter de vous blesser.

Bonus pratique : voix et rythme (pour la présence en social et au travail)

Quand on est stressé, on accélère. Le débit rapide diminue l'impact du message et augmente l'impression d'instabilité.

Deux micro-ajustements efficaces :

- **Parler 10% plus lentement** (pas "lentement", juste un peu).
- **Respirer avant la première phrase** (une mini-pause suffit).

Vous pouvez vous autoriser une pause. Une pause n'est pas un vide : c'est un signe de contrôle.

Mini-résumé du chapitre 6

Vous n'avez pas besoin d'aimer votre corps en permanence pour être confiant. Vous avez besoin de **l'habiter**, de le respecter, et d'en faire un allié de stabilité : posture neutre, respiration fonctionnelle, intention claire, et routine minimale orientée fonctionnement plutôt que perfection. La présence est une compétence : simple, répétable, et entraînable.

Chapitre 7 — Perfectionnisme et syndrome de l'imposteur : quand la réussite n'augmente pas la confiance

Certaines personnes pensent manquer de confiance parce qu'elles "ne réussissent pas assez". Pourtant, on voit souvent l'inverse : des personnes compétentes, parfois très performantes, qui doutent fortement. Elles accumulent des résultats, mais la confiance ne suit pas. Pourquoi ? Parce qu'un système interne particulier est à l'œuvre : **perfectionnisme** et/ou **syndrome de l'imposteur**.

Ce chapitre vous aide à reconnaître ces mécanismes et à les remplacer par un modèle plus réaliste : **progresser sans vous épuiser**, intégrer vos réussites sans arrogance, et sortir des règles impossibles.

1) Le piège du perfectionnisme

Le perfectionnisme n'est pas seulement "aimer bien faire". C'est une règle interne rigide, souvent implicite :

"Si ce n'est pas excellent, je suis nul."

Cette règle transforme une tâche en jugement de valeur sur vous. Elle vous oblige à prouver quelque chose en permanence (compétence, intelligence, légitimité). Résultat : la moindre imperfection devient menaçante.

Conséquences typiques (et coûteuses)

- **Procrastination** : démarrer devient difficile, car démarrer signifie risquer d'être imparfait.
- **Surcontrôle** : relectures infinies, vérifications, sur préparation, obsession du détail.
- **Épuisement** : vous dépensez une énergie disproportionnée pour éviter l'erreur.
- **Peur d'être exposé** : anxiété dans les situations où l'on peut être évalué (réunion, examen, prise de parole, rendu, entretien).

Paradoxalement, le perfectionnisme est souvent un mécanisme de protection : il tente d'éviter la critique, la honte ou le rejet. Mais il finit par créer :

- une fatigue chronique,
- une relation dure à soi-même,
- une confiance fragile (car conditionnée au résultat parfait).

Deux formes fréquentes

- **Perfectionnisme de performance** : "je dois être excellent."
- **Perfectionnisme d'image** : "je dois avoir l'air sûr / intelligent / sans faille."

Dans les deux cas, la personne ne vise pas seulement un bon résultat ; elle vise la **sécurité émotionnelle** via le contrôle. Et comme la sécurité parfaite n'existe pas, le contrôle ne suffit jamais.

2) Le syndrome de l'imposteur (version pratique)

Le syndrome de l'imposteur n'est pas un diagnostic médical : c'est une expérience psychologique courante. Il se manifeste par un décalage entre les faits (vos compétences, vos résultats) et votre interprétation ("ce n'est pas vraiment moi / c'est fragile / c'est un accident").

Version pratique : on le reconnaît souvent à trois comportements :

- **Attribuer la réussite à la chance**
  "J'ai eu de la chance." "Ce n'était pas si dur." "Ils ont été indulgents."
- **Minimiser ses compétences**
  "N'importe qui pourrait le faire." "Je ne suis pas si compétent."
- **Vivre la prochaine évaluation comme un procès**
  "Cette fois, on va voir que je suis un imposteur."
  La prochaine réunion, le prochain examen, le prochain rendu

devient une menace identitaire.

Le cercle qui entretient l'imposteur

1. pression forte → 2) sur préparation ou évitement → 3) réussite "à l'arraché" → 4) soulagement, mais pas d'intégration ("c'était juste la chance") → 5) retour de la pression au prochain défi.

La confiance n'augmente pas parce que la réussite n'est pas reconnue comme une preuve ; elle est neutralisée.

3) Remplacer les règles impossibles

Une partie du changement consiste à remplacer les règles internes rigides par des règles **fonctionnelles**.

Exemple de règle impossible

"Je dois être sûr à 100%."

Conséquence : vous attendez une certitude totale avant d'agir, donc vous contrôlez, vous repoussez, vous vous épuisez, ou vous évitez.

Règle réaliste

"Je vise assez bon + amélioration."

Cette règle vous autorise à produire une version acceptable, puis à progresser ensuite. Elle soutient l'action régulière, donc l'apprentissage, donc la confiance.

Comment savoir si une règle est "impossible" ?

Si votre règle entraîne régulièrement :

- de la procrastination,
- une perte de sommeil,
- une tension constante,
- une impression de ne jamais en faire assez,
- ou une peur excessive de l'évaluation,

alors il est probable qu'elle soit trop rigide.

Exercice — Le "brouillon livrable"

Choisissez une tâche réelle (mail important, devoir, présentation, rapport, proposition, candidature, message délicat). Puis :

1. Fixez un temps limité (ex. 30–60 minutes).
2. Produisez une version à **70%** (claire, correcte, imparfaite).
3. Livrez-la (ou partagez-la pour feedback).
4. Observez deux choses :
    - **rien ne s'écroule**,
    - vous apprenez plus vite (feedback, expérience, répétition).

But de l'exercice : créer une preuve directe que "suffisamment bon" peut être viable, et que l'apprentissage vient de l'itération, pas du contrôle infini.

Variante progressive (+10%)

Si 70% est trop difficile au début :

- commencez par 80–85%,
- puis descendez progressivement jusqu'à un niveau efficace.

La question n'est pas "est-ce parfait ?" mais :

"Est-ce suffisamment bon pour avancer, et apprendre ?"

4) Intégrer ses réussites (sans arrogance)

Certaines personnes craignent qu'intégrer leurs réussites les rende arrogantes. En réalité, il existe une différence nette :

- **Arrogance** : gonfler sa valeur en dévalorisant les autres ou en niant ses limites.
- **Intégration saine** : reconnaître des faits (efforts, compétences, progression), tout en restant lucide et perfectible.

Quand vous n'intégrez pas vos réussites, vous vous condamnez à "recommencer à zéro" psychologiquement à chaque défi.

Journal de preuves (2 minutes)

Chaque jour (ou 3 fois/semaine), notez :

- **Ce que j'ai fait :** ______________________
- **Difficulté réelle :** (0–10) __/10
- **Compétence mobilisée :** __________________
- **Ce que je ferai différemment :** __________

L'objectif n'est pas de vous féliciter de tout. L'objectif est de construire une base factuelle : des preuves de compétence et d'effort, qui résistent mieux aux jours de doute.

Exemple (court)

- Ce que j'ai fait : "J'ai donné mon avis en réunion."
- Difficulté : 6/10
- Compétence : "clarification, concision, gestion du stress."
- Différemment : "parler un peu plus lentement, préparer une phrase d'ouverture."

Une phrase clé pour l'imposteur

Quand une réussite arrive et que votre esprit dit "chance" :

"La chance peut aider, mais mes actions ont compté. Qu'ai-je fait concrètement ?"

Ce simple déplacement vers l'action (ce que vous avez fait) rééquilibre l'interprétation.

Mini-résumé du chapitre 7

La confiance n'augmente pas quand vous exigez la perfection. Elle augmente quand vous acceptez l'apprentissage, l'imperfection fonctionnelle, et l'intégration factuelle de vos compétences. En remplaçant les règles impossibles ("100% sûr", "excellent sinon nul") par des règles réalistes ("assez bon + amélioration"), vous réduisez la procrastination, l'épuisement et la peur d'être exposé — et vous construisez une confiance durable.

Chapitre 8 — Relations, limites et attachement : la confiance se construit aussi à deux

On parle souvent de confiance en soi comme d'un phénomène individuel : *"croire en soi", "être sûr de soi"*. Pourtant, une grande partie de la confiance se construit — ou se fragilise — dans le lien. Les relations sont un miroir, mais aussi un **milieu** : elles peuvent soutenir votre expansion ou renforcer votre contraction.

Ce chapitre propose une lecture simple : votre entourage crée un "climat psychologique". Dans ce climat, vous devenez plus facilement vous-même... ou au contraire, vous vous mettez en survie sociale (sur adaptation, peur de déplaire, auto-censure). L'objectif n'est pas d'accuser les autres, mais de reprendre du pouvoir sur vos choix relationnels et sur vos limites.

1) L'entourage comme "climat psychologique"

Imaginez que chaque relation laisse une trace intérieure après l'échange : plus d'énergie, neutre, ou moins d'énergie. Ce n'est pas une preuve que l'autre est "bon" ou "mauvais", mais une information sur l'effet du lien sur vous.

Certaines relations renforcent :

- **honte, comparaison, insécurité**
  Vous vous sentez "moins que", vous vous surveillez, vous vous jugez davantage.
- **hypervigilance (peur de déplaire)**
  Vous analysez les réactions, vous cherchez le bon ton, vous évitez les sujets sensibles, vous anticipez la critique.

Ces relations ne sont pas forcément violentes. Parfois, elles sont simplement :

- imprévisibles,
- critiques "par habitude",
- centrées sur la performance,
- peu empathiques,
- ou structurées autour d'un rapport de force.

D'autres relations renforcent :

- **sécurité** : vous pouvez être imparfait sans être humilié.
- **encouragement** : l'autre reconnaît vos efforts, pas seulement vos résultats.
- **vérité bienveillante** : l'autre peut vous dire une chose difficile sans vous écraser.

Un climat soutenant n'est pas un climat où l'on vous dit toujours oui. C'est un climat où :

- la critique est spécifique et respectueuse,
- vos émotions ne sont pas ridiculisées,
- vos limites ne sont pas punies.

Repère simple
Après certaines interactions, vous vous sentez :

- plus clair, plus stable, plus vivant
  ou
- confus, petit, tendu, en train de ruminer

Ce repère vaut de l'or pour comprendre pourquoi la confiance "tient" dans certains contextes et "s'effondre" dans d'autres.

2) Dépendance à l'approbation : indicateurs

La dépendance à l'approbation est très fréquente chez les personnes qui manquent de confiance. Elle peut venir de l'éducation, d'expériences relationnelles difficiles, d'un tempérament sensible, ou d'un contexte (travail compétitif, famille critique, relation instable). Quelles que soient ses origines, elle se repère à des signaux concrets.

Indicateurs fréquents

- **dire oui quand vous pensez non**
  Puis ressentir du ressentiment ou de la fatigue.
- **se sur adapter**
  Modifier votre opinion, votre style, votre rythme, votre personnalité pour éviter un désaccord.
- **anxiété après avoir parlé**
  Rejouer la scène : "Ai-je trop parlé ? Ai-je été bizarre ? Ai-je été maladroit ?"
- **rumination sur "comment j'ai été perçu"**
  Vous cherchez à contrôler votre image, parfois plus que le contenu de ce que vous vouliez dire.

Ce que la dépendance à l'approbation coûte

- vous perdez en spontanéité,
- vous vous coupez de vos besoins,
- vous prenez des engagements non désirés,
- vous construisez une identité relationnelle instable ("je suis celui/celle qui s'adapte").

Et surtout : vous envoyez à votre cerveau un message répétitif :
"Pour être en sécurité, je dois plaire."

Or, dans la vie réelle, plaire en permanence est impossible. La confiance devient donc fragile, car elle dépend d'un contrôle irréaliste.

Une question utile

Avant de dire oui, demandez-vous :

"Si je dis oui, est-ce que je me respecte ?

Si je dis non, est-ce que je m'abandonne ?"

L'assertivité (chapitre 5) prend ici toute sa place : elle n'est pas seulement une technique de communication, c'est une façon de réduire la dépendance à l'approbation.

3) Limites : une compétence de santé relationnelle

Une limite n'est pas une punition. Une limite est une information : elle indique ce qui est acceptable pour vous et ce qui ne l'est pas. C'est un acte de **préservation** : de votre temps, de votre énergie, de votre dignité, de votre sécurité émotionnelle.

Une limite claire ressemble à :

- "Je ne suis pas à l'aise avec ça."
- "Je ne veux pas parler de ce sujet."
- "Je suis disponible 15 minutes."
- "Je ne réponds pas aux messages après 21h."
- "Si ça continue, je partirai / je mettrai fin à l'échange."

Une limite efficace a souvent trois caractéristiques :

1. **courte** (une ou deux phrases)
2. **comportementale** (ce que vous ferez)
3. **tenable** (vous pouvez réellement l'appliquer)

La différence entre limite et menace

- Menace : "Si tu continues, tu vas voir..." (attaque, flou)
- Limite : "Si ça continue, je mets fin à la conversation." (clair, factuel)

Pourquoi les limites renforcent la confiance

Chaque fois que vous posez une limite, vous enregistrez une preuve :

- "Je peux me protéger sans exploser."

- "Je peux tolérer la déception de l'autre."
- "Je peux rester aligné même si c'est inconfortable."

Ces preuves construisent une confiance plus mature : pas basée sur l'approbation, mais sur la capacité à **se respecter**.

Quand une relation réagit mal aux limites

Une réalité simple :

- Les relations saines peuvent être surprises par une limite, mais elles s'ajustent.
- Les relations fragiles ou contrôlantes peuvent punir la limite (culpabilisation, silence, moquerie, colère).

Ce n'est pas agréable, mais c'est informatif. Une limite agit comme un "test de solidité" du lien.

Exercice — Cartographie relationnelle

But : rendre visible l'effet de votre entourage sur votre confiance, et repérer où renforcer des limites ou des choix.

1. Listez 10 personnes (amis, famille, collègues, partenaire, etc.).
2. Après un échange réel (ou en vous basant sur les échanges récents), notez :

- **Énergie :** + / 0 / -
- **Authenticité possible ?** (oui / partiellement / non)
- **Respect de vos limites ?** (oui / variable / non)

Tableau à compléter :

Personne	Énergie (+/0/-)	Authenticité possible ?	Respect des limites ?	Note / observation
1. ______	___	___	___	__________
2. ______	___	___	___	__________
3. ______	___	___	___	__________
4. ______	___	___	___	__________
5. ______	___	___	___	__________
6. ______	___	___	___	__________
7. ______	___	___	___	__________
8. ______	___	___	___	__________
9. ______	___	___	___	__________
10. _____	___	___	___	__________

Questions de synthèse (3 minutes)

- Avec qui suis-je le plus moi-même ? Pourquoi ?
- Où ai-je le plus tendance à me sur adapter ?
- Quelle est **une** limite simple que je pourrais poser cette semaine ?
- Quelle relation mérite plus d'investissement (temps, présence)

parce qu'elle me soutient ?

L'objectif n'est pas de "faire le tri" brutalement. L'objectif est de voir clairement où votre confiance respire, et où elle se contracte.

Mini-résumé du chapitre 8

La confiance grandit dans un environnement relationnel où vous pouvez exister sans vous trahir. Certaines relations renforcent l'hypervigilance et la honte ; d'autres renforcent la sécurité et la vérité bienveillante. En repérant la dépendance à l'approbation et en posant des limites claires, vous ne cassez pas les relations saines : vous les protégez — et vous vous protégez aussi.

Chapitre 9 — Échec, honte et résilience : transformer les chutes en données d'entraînement

À un moment ou un autre, vous échouerez : un entretien raté, une prise de parole confuse, une relation qui se tend, un objectif non tenu, une période de fatigue où tout semble reculer. Le point décisif n'est pas d'éviter toute chute (impossible), mais d'apprendre à **vous relever intelligemment**.

Ce chapitre propose un changement de posture : considérer l'échec comme une donnée d'entraînement, et apprendre à neutraliser la honte — cette émotion qui transforme un événement en verdict sur votre valeur.

1) Échec vs honte

Échec : une information sur une stratégie

Un échec, au sens utile, est un résultat non souhaité. Il dit quelque chose sur :

- la stratégie choisie,
- le niveau de préparation,
- le contexte,
- les ressources du moment (énergie, temps, soutien),
- la difficulté réelle de la tâche.

Un échec peut être :

- partiel (vous avez essayé mais pas atteint l'objectif),
- contextuel (le moment n'était pas favorable),
- instructif (vous découvrez ce qui manque).

C'est une information, pas une identité.

Honte : une conclusion globale sur votre valeur

La honte dit autre chose :
"Je suis nul."
"Je suis ridicule."
"Je ne mérite pas."
"On va me rejeter."

La honte ne se contente pas de décrire un comportement ; elle attaque la personne entière. Elle pousse à :

- se cacher,
- éviter,
- couper le lien,
- s'auto-punir,
- ruminer.

Objectif du chapitre

Tirer les informations de l'échec **sans avaler la honte**.

Cela ne veut pas dire "ne rien ressentir". Cela veut dire :

- reconnaître l'émotion,
- ne pas la laisser devenir un jugement définitif,
- revenir à ce qui est modifiable.

Repère simple pour faire la différence

- Langage de l'échec : "je n'ai pas réussi cette fois / cette stratégie n'a pas marché."
- Langage de la honte : "je suis nul / je suis un imposteur / je suis incapable."

Dès que vous entendez une phrase en "je suis... (dévalorisant)", vous êtes probablement passé de l'analyse à la honte.

2) Auto-compassion "exigeante"

Le mot "auto-compassion" est parfois mal compris. Certaines personnes craignent que ce soit :

- se trouver des excuses,
- se relâcher,
- ou "se plaindre".

Dans une perspective réaliste, l'auto-compassion est plutôt une forme de **rigueur bienveillante** : vous vous traitez comme un bon coach traiterait un athlète après une contre-performance. Le coach ne nie pas l'échec, ne dramatise pas, n'humilie pas. Il analyse, ajuste, et remet en mouvement.

Auto-compassion exigeante =

- **reconnaître la difficulté**,
- **se parler avec respect**,
- **choisir une action utile**.

Pourquoi c'est efficace

L'auto-attaque ("tu es nul") peut donner une impression de contrôle ("je me secoue"), mais elle a souvent un effet inverse :

- elle augmente le stress,
- elle renforce l'évitement,
- elle diminue la capacité d'apprentissage,
- elle abîme l'estime de soi.

À l'inverse, une posture de coach interne augmente la probabilité de :

- recommencer,
- s'exposer à nouveau (chapitre 4),
- persévérer,

- intégrer des leçons.

Exercice — Débrief en 4 questions
Après un moment raté (petit ou grand), répondez brièvement :

1. **Qu'est-ce qui s'est passé (faits) ?**
   (Décrire sans interpréter : qui, quoi, quand, où.)
2. **Qu'est-ce que j'ai ressenti (émotions) ?**
   (Anxiété, honte, colère, tristesse, déception, etc.)
3. **Qu'est-ce que j'apprends (1 leçon) ?**
   (Une seule, concrète, actionnable.)
4. **Quel est mon prochain pas (petit) ?**
   (Une action faisable en 5 à 15 minutes.)

Règle de l'exercice : pas de généralisation ("je rate tout"), pas de verdict ("je suis nul"). Uniquement du réel, une leçon, une petite action.

Exemple (fictif, mais réaliste)

- Faits : "En réunion, j'ai bafouillé et je n'ai pas dit mon point."
- Émotions : "honte 7/10, anxiété 6/10."
- Leçon : "Je dois préparer une phrase d'ouverture + respirer avant de parler."
- Prochain pas : "Écrire 2 phrases et les dire à voix haute 3 fois."

Ce type de débrief transforme un moment pénible en plan d'entraînement.

3) Se relever : micro-engagements

Quand on va mal, on a tendance à faire deux erreurs opposées :

- **tout abandonner** ("à quoi bon")
- ou **viser trop grand** ("demain je change toute ma vie"), ce qui mène à un nouvel échec.

La résilience se construit souvent sur des **micro-engagements** : de petites actions qui prouvent au cerveau que vous n'êtes pas coincé.

Quand on va mal, viser petit :

- **10 minutes d'action** (sur une tâche importante ou un geste de soin concret),
- **un message à une personne** (lien, soutien, réalité),
- **une tâche simple terminée** (preuve de capacité, même minimale).

Pourquoi "petit" est puissant

- Petit = faisable même avec peu d'énergie.
- Faisable = répétable.
- Répétable = preuves.
- Preuves = retour progressif de la confiance.

Exercice — Le plan "urgence douce" (à préparer à l'avance)

Écrivez une liste de 5 micro-actions qui vous aident à repartir quand vous êtes en baisse.

1. 10 minutes de ____________________
2. Ranger / clarifier ____________________
3. Envoyer un message à ____________________
4. Marcher 10 minutes / bouger : ____________________
5. Une tâche simple "finie" : ____________________

Gardez cette liste accessible. Les jours difficiles, vous n'avez pas besoin d'inspiration : vous avez besoin d'un plan minimal.

Mini-résumé du chapitre 9

La résilience n'est pas l'insensibilité. C'est la capacité à revenir au réel, à apprendre, et à recommencer sans se détruire intérieurement. En distinguant échec (information) et honte (jugement global), puis en pratiquant une auto-compassion exigeante (débrief + micro-actions), vous transformez les chutes en données d'entraînement — et vous consolidez une confiance durable, parce qu'elle inclut la capacité à vous relever.

Chapitre 10 — Plan réaliste sur 8 semaines + prévention des rechutes

La confiance en soi progresse rarement par "déclic". Elle progresse par **système** : quelques habitudes simples, répétées, qui diminuent l'évitement, améliorent la régulation, et accumulent des preuves concrètes. L'objectif de ce chapitre est de vous donner un plan de 8 semaines, structuré et adaptable, puis un dispositif anti-rechute réaliste.

Rappel : ce programme est une démarche de psychoéducation et d'entraînement personnel. Si vous traversez une souffrance intense ou durable, ou si votre fonctionnement est très altéré, l'aide d'un professionnel qualifié accélère souvent les progrès.

Objectif du programme

Obtenir des progrès visibles sur quatre axes :

- **l'évitement** : faire davantage de ce qui compte, malgré l'inconfort ;
- **l'assertivité** : demander, refuser, clarifier, poser des limites ;
- **l'auto-critique** : réduire les attaques internes, remplacer par un coach réaliste ;
- **l'énergie de base** : sommeil, mouvement, alimentation, lien social (carburant).

Les règles du jeu (pour que ça marche)

1. **Minimum viable** : mieux vaut peu mais régulier que beaucoup puis abandon.
2. **Une cible principale** à la fois : vous pouvez tout améliorer, mais pas tout en même temps.
3. **Mesurer par l'action** : succès = actions réalisées, pas disparition totale de l'anxiété.
4. **Progression +10%** : augmenter légèrement la difficulté chaque

semaine.

Votre tableau de bord (à tenir 2 minutes/jour)

- Action "cible" du jour : Oui / Non
- Anxiété (0–10) avant/après : __ / __
- Auto-critique : faible / moyenne / forte
- Score "4 besoins" (0–4) : __/4
- Une phrase d'apprentissage : ____________________

Semaine 1 — Mesurer + choisir une cible
Objectif
Sortir du flou et démarrer avec des actions simples.
À faire

- **Thermomètre de confiance** (chapitre 1)
- **Choisir 1 axe** (ex. "oser demander", "prendre la parole", "dire non", "commencer sans être prêt")
- **2 actions faciles** dans la semaine (niveau 2–4/10 d'anxiété)

Exemples d'actions faciles (au choix)

- poser une question simple (mail, message, en cours, au travail)
- donner une opinion courte à une personne de confiance
- commencer une tâche pendant 5 minutes (sans viser la qualité)
- dire "je te réponds demain" au lieu de répondre sous pression

Mesure de la semaine

- Ai-je fait **2 actions** liées à mon axe ? Oui / Non
- Qu'est-ce que j'ai appris ? (1 phrase)

Semaine 2 — Régulation de base

Objectif

Rendre votre système nerveux plus "mobilisable" : pas parfait, mais moins fragile.

À faire

- **Check des 4 besoins** (chapitre 2), tous les soirs
- **3 respirations longues par jour** (ou 3 mini-séances de 1 minute)
- **1 contact social intentionnel** (un échange bref mais réel)

Check des 4 besoins (rappel)

0/1 chaque soir :

- Sommeil protégé ?
- Mouvement 10–20 min ?
- Alimentation évitant le "crash" ?
- Contact humain de qualité ?

Score : __/4 (objectif : tendance)

Mesure de la semaine

- Score moyen sur 4 : __/4
- Quelle habitude est la plus utile pour moi ?
  ____

Semaine 3 — Pensées : penser juste plutôt que positif

Objectif

Diminuer l'impact de l'auto-critique et de la rumination sur vos comportements.

À faire

- Utiliser la fiche **"Situation – Pensée – Distorsion – Réponse"** (chapitre 3)

- Compléter **3 occurrences** dans la semaine (pas besoin de plus)

Conseils pratiques

- Faites-le quand l'émotion est encore présente (sinon on oublie).
- La "réponse réaliste" doit être crédible, pas brillante.

Mesure de la semaine

- Ai-je écrit 3 fiches ? Oui / Non
- Est-ce que cela m'a aidé à agir (même un peu) ? Oui / Non

Semaine 4 — Exposition niveau 1–2 : reprendre l'action
Objectif
Réduire l'évitement en créant des preuves comportementales.
À faire

- Construire votre **hiérarchie** (chapitre 4)
- Faire **3 expositions** dans la semaine (anxiété 3–6/10)

Règles d'exposition (simples)

- Restez dans la situation **un peu plus longtemps** que d'habitude (sans vous forcer à l'extrême).
- Réduisez un comportement de sécurité de 10–20% (ex. moins se justifier, moins relire, ne pas fuir tout de suite).
- Débriefez en 2 minutes : "Je l'ai fait / j'ai appris / prochaine étape".

Mesure de la semaine

- 3 expositions réalisées : Oui / Non
- Note moyenne d'anxiété (avant) : __/10 ; (après) : __/10

- Une preuve apprise : ______________________

Semaine 5 — Assertivité : demandes, limites, refus
Objectif
Augmenter la confiance relationnelle par des scripts concrets.
À faire

- Écrire et utiliser **2 scripts DESC** (chapitre 5)
- Placer **1 “non” clair** (petit, réaliste)

Exemples de “non” clair (niveau débutant)

- “Je ne peux pas cette semaine.”
- “Je ne suis pas disponible.”
- “Je te remercie, mais je décline.”

Option : proposer une alternative uniquement si vous le voulez.
Mesure de la semaine

- Ai-je fait 2 DESC ? Oui / Non
- Ai-je dit 1 non ? Oui / Non
- Qu’est-ce que ça change dans mon respect de moi ? (1 phrase)

Semaine 6 — Présence : corps, voix, attention
Objectif
Réduire l’autosurveillance et augmenter la présence fonctionnelle (pas la perfection).
À faire

- La **routine 2 minutes** avant situations (chapitre 6)
- **2 prises de parole brèves**, même simples (une phrase, une question, un résumé)

Règle d'or

Votre but n'est pas de "briller". Votre but est d'**occuper une place**, petite mais réelle.

Mesure de la semaine

- 2 routines faites avant situations : Oui / Non
- 2 prises de parole : Oui / Non
- Ai-je parlé 10% plus lentement au moins une fois ? Oui / Non

Semaine 7 — Perfectionnisme : livrer, puis améliorer

Objectif

Sortir du piège contrôle → épuisement → doute, et construire une confiance basée sur l'itération.

À faire

- 1 **"brouillon livrable 70%"** (chapitre 7)
- **Journal de preuves** pendant 3 jours (2 minutes)

Rappel journal de preuves

- Ce que j'ai fait
- Difficulté réelle
- Compétence mobilisée
- Ce que je ferai différemment

Mesure de la semaine

- Brouillon 70% livré : Oui / Non
- 3 jours de preuves : Oui / Non
- Qu'est-ce que j'observe sur "rien ne s'écroule" ? (1 phrase)

Semaine 8 — Consolidation : stabiliser et généraliser

Objectif

Transformer des efforts en habitudes maintenables et préparer la suite.

À faire

- Refaire votre **échelle des défis** (chapitre 4) : où êtes-vous maintenant ?
- Choisir **3 habitudes maintenables** (petites, réalistes)
- Écrire votre **plan anti-rechute**

Choisir 3 habitudes maintenables (exemples)

1. 2 expositions / semaine (petites)
2. 1 script assertif / semaine (DESC ou "non")
3. check des 4 besoins 3 soirs / semaine
4. journal de preuves 2 fois / semaine
5. routine 2 minutes avant situations importantes

Mesure de la semaine

- Mes "3 habitudes" : ____________________ / ____________________ / ____________________
- Le prochain défi +10% : ____________________

Plan anti-rechute (simple)

Les rechutes ne signifient pas que "vous avez échoué". Elles signifient que vous êtes humain, que le stress revient, et que vos vieux automatismes reprennent parfois le dessus. L'objectif est de repérer tôt et de répondre vite, avant que l'évitement ne s'installe.

1) Signaux précoces (les vôtres)

Complétez :

- Je commence à remarquer : ________________________________

(ex. procrastination, irritabilité, isolement, sommeil décalé, rumination, abandon du mouvement, surcontrôle)

- Mes pensées typiques : ______________________________
- Mes comportements typiques :

  ____

Signaux précoces (les vôtres) : ____
2) Réponses rapides (48–72h)
Choisissez des réponses simples, réalistes :

- **Sommeil** : protéger 1 coucher / récupérer 30–60 minutes
- **Contact** : envoyer 1 message / voir 1 personne ressource
- **Activité** : 10–20 minutes de mouvement
- **Exposition facile** : refaire un défi 2–3/10 (pour relancer la machine)

Mes réponses rapides : sommeil / contact / activité / exposition facile.
3) Personne ressource
Nom : __________________
Comment je la contacte : __________________
Ce que je peux demander : __________________
Personne ressource : ____
4) Quand consulter
Consultez un professionnel qualifié si :

- les symptômes **s'intensifient**,
- et durent **plus de 2 semaines**,
- ou si votre fonctionnement (travail, études, relations, sommeil) est nettement altéré,
- ou si vous vous sentez en danger.

Quand consulter : si symptômes s'intensifient et durent > 2 semaines.

Mini-résumé du chapitre 10

Un plan réaliste privilégie la régularité : petites actions, progression, et prévention. En 8 semaines, vous construisez des preuves sur l'évitement, l'assertivité, l'auto-critique et l'énergie de base. La confiance devient alors un **résultat secondaire** de votre entraînement, plus stable parce qu'il repose sur des comportements répétés et une stratégie anti-rechute simple.

Conclusion

La confiance en soi est souvent imaginée comme un sommet : un état stable, définitif, où le doute disparaît et où tout devient facile. Cette vision est non seulement irréaliste, mais elle peut aussi devenir un piège : dès que l'anxiété revient (fatigue, enjeu, regard des autres, période de stress), on conclut trop vite que l'on a "perdu" sa confiance.

Ce guide propose une perspective plus solide et plus apaisante : **la confiance n'est pas un état permanent à atteindre, mais une relation.** Une relation à vous-même — la manière dont vous vous parlez, dont vous vous traitez dans l'effort, dont vous réagissez à l'erreur — et une relation au monde — votre capacité à entrer en action, à vous exposer progressivement, à demander, à refuser, à ajuster.

Au fil des chapitres, vous avez vu que la confiance se construit surtout par des éléments concrets :

- **Comprendre le mode protection** : votre cerveau amplifie le risque et préfère l'évitement, non pas parce que vous êtes incapable, mais parce qu'il cherche à vous protéger.
- **Désamorcer l'auto-critique sans se mentir** : remplacer les distorsions et les verdicts ("je suis nul") par des pensées réalistes qui permettent d'agir.
- **Revenir au comportement** : l'exposition graduée, répétée, est une "salle de sport" du courage. Elle transforme l'inconfort en expérience gérable.
- **Développer l'assertivité** : dire non, demander, poser des limites, recevoir une critique sans s'effondrer ; autant de preuves que vous pouvez vous respecter sans agresser.
- **Habiter votre corps** : posture, respiration, présence ; non pas pour paraître parfait, mais pour être plus stable et moins aspiré par l'autosurveillance.

- **Sortir du perfectionnisme et de l'imposteur** : viser "assez bon + amélioration", livrer, apprendre, intégrer des preuves factuelles.
- **Choisir un climat relationnel soutenant** : les limites protègent les relations saines et révèlent celles qui vous fragilisent.
- **Transformer l'échec** : le traiter comme une donnée d'entraînement, sans avaler la honte, et repartir avec des micro-engagements.
- **Consolider** : un plan simple, des habitudes maintenables, et une prévention des rechutes.

Si une idée devait résumer l'ensemble, ce serait celle-ci : **la confiance est un sous-produit de l'action répétée et du respect de soi**. Elle ne se décrète pas. Elle se prouve, pas à pas.

Vous n'avez pas besoin d'être "toujours sûr". Personne ne l'est. Vous avez besoin d'être **capable** : capable de commencer malgré l'inconfort, capable de vous ajuster en cours de route, capable de vous relever après un raté, capable de poser une limite, capable de demander de l'aide, capable de continuer.

Et si, certains jours, vous sentez votre confiance baisser, rappelez-vous : ce n'est pas un jugement final. C'est un signal. Revenez aux fondamentaux : une petite action, une respiration, une limite simple, un contact humain, un pas +10%. La confiance revient rarement d'un coup. Elle revient quand vous reprenez votre place dans votre propre vie.

Don't miss out!

Visit the website below and you can sign up to receive emails whenever Pascal Leroy publishes a new book. There's no charge and no obligation.

https://books2read.com/r/B-A-AELEB-RCDDJ

About the Author

Je m'appelle Pascal Leroy. Il y a bien des années, j'ai pris une décision audacieuse qui a radicalement transformé ma vie et ma carrière. J'ai choisi d'interrompre mes études en médecine pour me consacrer pleinement à des domaines qui me passionnent profondément : la gestion de la perte de poids, la gestion du stress et du burn-out, le développement personnel, ainsi que la création de guides pratiques et de méthodes concrètes et efficaces pour aider les autres à atteindre leurs objectifs.

Mon parcours a commencé par une fascination pour le fonctionnement du corps humain et les mécanismes de l'esprit. Cependant, au fil du temps, j'ai réalisé que ma véritable vocation résidait non pas dans la pratique de la médecine traditionnelle, mais dans l'accompagnement des personnes vers une vie plus saine, équilibrée et épanouie. Cette prise de conscience m'a conduit à explorer des approches holistiques et intégratives, alliant connaissances médicales et techniques de développement personnel.

Dans mon cabinet, je reçois des personnes en quête de conseils pratiques et de solutions simples mais efficaces pour retrouver leur équilibre et surmonter les épreuves de la vie sans difficultés majeures. Je ne prétends pas être un magicien ou un faiseur de miracles, mais j'applique des enseignements simples et pragmatiques que j'ai acquis au fil de mon expérience, en côtoyant une grande diversité de cas.

www.ingramcontent.com/pod-product-compliance
Lightning Source LLC
LaVergne TN
LVHW060304051026
849517LV00003B/951
* 9 7 9 8 2 3 3 1 5 5 0 2 4 *